16951

CANTIQUES SPIRITUELS

A L'USAGE DES RETRAITES que l'on fait pour tous les Ouvriers des ruës de Paris, à la Toussaints & à Pâques, dans les Paroisses de S. Benoît, S. Sulpice, S. Merry, S. Sauveur & S. Médard.

A PARIS,

Chez LANGLOIS, ruë S. Etienne d'égrès, au Bon Pasteur.

M. DCC. XXXVIII.

Avec Approbation & Permission.

Du saint usage qu'on peut faire des Cantiques.

LE chant des Cantiques est très-saint, très-ancien dans l'Eglise, & souvent recommandé par S. Paul: Instruisez-vous les uns les autres, (dit-il dans sa *Lettre aux Colossiens*, chap. 3.) par des Pseaumes, par des Hymnes & par des Cantiques spirituels, chantant à l'honneur de Dieu du fond de vos cœurs, avec un esprit de reconnoissance. Dans tous les tems les Peres de l'Eglise ont tâché de le mettre en usage, & les vrais Fideles en ont fait beaucoup d'estime ; il est très-utile, soit pour apprendre facilement & en abregé les veritez principales du Christianisme, soit pour s'exercer à loüer, à benir & aimer Dieu de toutes les affections de son cœur ; soit encore pour bannir les chansons capables d'inspirer l'impureté ou la mondanité, ou tout au moins la dissipation.

Le Laboureur à sa charuë, le Berger devant son troupeau, l'Ouvrier & le Domestique pendant son travail, le Soldat dans sa cazerne, en sentinelle ou dans sa marche, l'Homme d'affaire dans ses voyages, l'Homme de condition dans sa maison & ailleurs, tous peuvent par le chant des Cantiques spirituels se rendre aisée & familiere la présence de Dieu, se délasser l'esprit agréablement & saintement tous ensemble & satisfaire à Dieu pour le mauvais usage qu'ils ont fait de leur voix ou en chantant des chansons mauvaises, ou en proférant des paroles peu honnêtes ou des juremens.

CANTIQUES SPIRITUELS.

Le Pécheur connoissant son état malheureux, & demandant à Dieu de l'en délivrer.

Sur l'Air : *De la Musette de M. Marais.*

DAns quel état déplorable
Hélas ! me vois-je réduit !
Un cruel remords m'accable ;
Par tout le trouble me suit :
Ah ! peché, monstre execrable,
Tes faux charmes m'ont séduit.
Dans quel état déplorable,
Hélas ! me vois-je réduit ?

On le chante & on le fait repeter aux Ouvriers de deux vers en deux vers.

❧

Au gré d'un honteux caprice,
Je vis dans l'égarement :
Plein d'ardeur pour l'injustice,
Et pour Dieu sans mouvement,
O Ciel ! quelle est ma malice !
Quel est mon aveuglement !
Au gré, &c.

❧

Le Seigneur souvent m'appelle
D'un ton rempli de douceur :
Sors de ta langueur mortelle,
Mon fils, donne-moi ton cœur :
Mais ce cœur toujours rebelle,
Ne lui montre que froideur.
Le Seigneur, &c.

❧

Dans ma longue résistance,
Veux-je donc persévérer ?
Sur l'horreur de mon offense,
Ne devrois-je point pleurer ?
Il faut qu'enfin je commence,

C'est trop long-temps differer.
Dans ma, &c.

❋

Ah ! que sens-je dans moi-même !
Quels orages ! quels combats !
Je voudrois, du mal que j'aime,
Pour toujours, fuir les appas ;
Mais quelle misere extrême !
Je veux, & je ne veux pas.
Ah ! que, &c.

❋

Les plaisirs semblent me dire :
Veux-tu nous abandonner ?
De notre agréable empire,
Est-il tems de t'éloigner ?
Mon cœur foible, hélas ! soupire,
Et se sent comme entraîner.
Les plaisirs, &c.

❋

O malheureuse habitude
De suivre l'iniquité !
Tu causes l'inquiétude
Dont mon cœur est agité ;
Dans ta dure servitude,
Tu retiens ma volonté.
O malheureuse, &c.

❋

Sous l'affreux poids de mon crime,
Gémirai-je donc en vain ?
De mes maux triste victime,
N'en verrai-je point la fin ?
Pour me tirer de l'abîme,
Ah ! qui me tiendra la main ?
Sous l'affreux, &c.

❋

Dans cet état lamentable,
J'ai recours à vous, Seigneur

Soyez enfin favorable
A ce malheureux pécheur;
Sans votre main secourable,
Je péris dans mon malheur.
Dans cet, &c.

   Grand Dieu, finissez ma peine,
De mes maux soyez touché :
Brisez la funeste chaîne
Qui tient mon cœur attaché :
Que d'une volonté pleine,
Je quitte enfin le peché.
Grand Dieu, &c.

   C'en est fait, malgré ses charmes,
Du peché, je veux sortir :
Un Dieu finit mes allarmes,
Sa bonté se fait sentir :
Ah ! mes yeux fondez en larmes,
Faites voir mon repentir.
C'en est fait, &c.

Sur les regrets du Pécheur.

J'Ai péché dès mon enfance,
J'ai chassé Dieu de mon cœur :
J'ai perdu mon innocence,
Quelle perte ! ah quel malheur !
Quel malheur ! quel malheur !
J'ai chassé Dieu de mon cœur.

   O qui mettra dans ma tête
Une fontaine de pleurs !
Sur la perte que j'ai faite,
Sur le plus grand des malheurs !
Quel malheur, &c.

On chante les six vers à tous les couplets & les Ouvriers ne répètent que les deux derniers.

Ah que mon ame étoit belle
Quand elle avoit sa candeur :
Depuis qu'elle est criminelle,
O Dieu, quelle est sa laideur !
Quel malheur, &c.

❦

O promesses prononcées
A la face des Autels ;
Et si souvent transgressées
Par tant de péchés mortels !
Quel malheur ! quel malheur !
J'ai chassé Dieu de mon cœur.

❦

De la robe nuptiale,
Mon cœur, tu t'es dépouillé ;
Lavé dans l'eau baptismale,
Tu t'es encore souillé ;
Quel malheur ! quel malheur !
J'ai chassé Dieu de mon cœur.

❦

Riche trésor de la grace,
Te perdant j'ai tout perdu ;
Ah ! que faut-il que je fasse
Pour que tu me sois rendu ?
Quel malheur ! quel malheur !
J'ai chassé Dieu de mon cœur.

❦

Par une fureur extrême,
Ah ! par un barbare effort,
Je me suis blessé moi-même ;
Je me suis donné la mort ;
Quel malheur ! quel malheur !
J'ai chassé Dieu de mon cœur.

❦

Malheur à vous, amis traîtres,
Mes plus cruels ennemis,
Qui fûtes mes premiers Maîtres

Dans les maux que j'ai commis.
Quel malheur, &c.
Changement.
Pardonnez à ce rebelle
Qui déplore son malheur ;
Qui veut vous être fidele
Et vous redonner son cœur.
Quel bonheur ! quel bonheur !
Si Dieu revient dans mon cœur.

Grand Dieu, par qui je respire,
Qui voyez couler mes pleurs,
Faites qu'à vos pieds j'expire,
Ou terminez mes malheurs.
Quel bonheur ! quel bonheur !
Si Dieu revient dans mon cœur.

Ah ! ma douleur est extrême ;
J'ai fait mourir mon Sauveur,
Et je l'apperçois lui-même
Me redemander mon cœur.
Quel bonheur ! quel bonheur !
Si Dieu revient dans mon cœur.

Pere saint, Pere adorable,
Vous oubliez mes forfaits ;
Vous pardonnez ce coupable,
Vous le comblez de bienfaits.
Quel bonheur ! quel bonheur !
Si Dieu revient dans mon cœur.

Puisse ma reconnoissance
Croître jusqu'au dernier jour,
Et puisse ma pénitence
Vous prouver mon tendre amour :
Quel bonheur ! quel bonheur !
Si Dieu revient dans mon cœur.

Sur la Penitence.

Sur l'Air : *Depuis long-temps votre absence.*

On le chante de deux vers en deux vers, & on le repete de même.

Pourquoi differer sans cesse ?
Dieu vous appelle aujourd'hui ;
Il vous exhorte, il vous presse ;
Revenez enfin à lui
De votre état déplorable,
N'aurez-vous jamais horreur ?
Pleurez, pécheur miserable,
Pleurez sur votre malheur.

❊

Du Seigneur, par votre crime,
Vous méritez le courroux ;
Voyez l'éternel abîme
Qui déja s'ouvre pour vous.
Du Ciel, fuyez la vengeance ;
Rentrez en grace avec Dieu ;
L'Enfer, ou la pénitence :
Non, il n'est point de milieu.

❊

Quelle illusion extrême
Jusqu'ici vous a séduit !
Seul ennemi de vous-même,
Vous aimez ce qui vous nuit.
Des Pecheurs suivant la trace,
C'est s'égarer trop long-temps ;
Imitez ceux que la Grace
A rendus vrais Pénitens.

❊

Qu'aperçois-je ! dans Ninive,
Un grand Peuple consterné !
A la douleur la plus vive,
Je le vois abandonné :
Dans la cendre et le Cilice,

Il a recours au Seigneur ;
Le Seigneur se rend propice,
Il retient son bras vengeur.

❧

L'esprit rempli de tristesse,
Le cœur vivement touché,
David déplore sans cesse
La grandeur de son péché ;
Il mêle l'eau de ses larmes
Au pain dont il se nourrit,
Pour lui les pleurs ont des charmes,
Il en arrose son lit.

❧

Pierre méconnoît son Maître,
Il devient blasphémateur ;
Mais bien-tôt il fait paroître
Le repentir de son cœur.
De la femme pécheresse,
Voyez le parfait retour :
Ah ! quelle douleur la presse !
Sa douleur naît de l'amour.

❧

Pour expier notre crime,
Que vois-je ! un Dieu pénitent !
Jesus est notre Victime,
Il souffre, quoiqu'innocent.
Quel exemple, homme coupable,
Plus propre à vous animer ?
Sur ce modele adorable,
Il est temps de vous former.

❧

Votre cœur plein de malice,
S'est éloigné du Seigneur,
Qu'une si noire injustice
Vous penetre de douleur :
Que ce cœur ingrat soupire,
S'il a pû se pervertir,

Qu'il se fende & se déchire
Par l'excès du repentir.

❊

Plus d'attache criminelle,
Plus d'amour pour les plaisirs ;
Qu'en vous tout se renouvelle ;
Nouveau cœur, nouveaux désirs.
D'un monde impur & profane
Ne suivez plus les attraits ;
De tout ce que Dieu condamne,
Eloignez-vous pour jamais.

❊

Votre corps, fut pour le vice,
L'instrument le plus fatal ;
Employez pour la justice,
Ce qui servit pour le mal :
Si la nature en murmure,
Faut-il écouter sa voix ?
Ah ! vengez Dieu de l'injure
Faite à ses plus saintes Loix.

❊

Dans vos maux, dans la souffrance,
Soumettez-vous au Seigneur,
D'une severe abstinence,
Ne craignez point la rigueur.
Que le pauvre, en sa misere,
Soit aidé par vos bienfaits,
Du travail, de la priere,
Occupez-vous désormais.

❊

Que de votre pénitence
Rien n'interrompe le cours :
Le regret de votre offense
Doit, en vous, durer toujours.
Une paix inalterable,
Un calme délicieux,
De ce repentir durable,
Sera le fruit précieux.

Du Jugement.

J'Entends la trompette effrayante,
 Qui vous crie : ô Morts, levez-vous ;
Et qui dans un clein d'œil d'une voix foudroyante
Au Tribunal de Dieu nous assemblera tous.

 J'entends la trompette effrayante,
 Qui vous crie : ô Morts, levez-vous.

On ne chantera que quatre vers & le Chœur repetera toujours J'entends. La voix reprenra ces deux vers, Et qui d'un clein d'œil. Et le Cœur, J'entends.

✤

 J'entends la Trompette que l'Ange
 Fera retentir dans les airs ;
J'entends un son perçant, j'entends un bruit étrange
Qui fait trembler le ciel, la terre & les enfers.

 J'entends, la trompette effrayante, *Le Chœur.*
Et qui dans un clein d'œil d'une voix foudroyante *La voix.*
Au Tribunal de Dieu nous assemblera tous.
 J'entends, &c. *Le Chœur.*

✤

 Tremblez, habitans de la terre,
 Tremblez, le Seigneur va venir ;
De sa part, ô pécheurs ! nous vous faisons la guerre,
Il paroîtra bien-tôt, il viendra vous punir.

 J'entends, &c. *Le Chœur.*
Et qui dans un clein d'œil d'une voix foudroyante,
Au Tribunal de Dieu nous assemblera tous. *La voix.*
 J'entends, &c. *Le Chœur.*

✤

 Venez, descendez, Cour céleste ;
 Saints Anges, suivez le Seigneur ;
Venez, feu, grêle, éclairs, vents, tempête funeste,
Paroissez, armez-vous pour punir le pécheur.

 J'entends, &c. *Le Chœur.*
Et qui dans un clein d'œil d'une voix foudroyante
Au Tribunal de Dieu nous assemblera tous. *La voix.*
 J'entends, &c. *Le Chœur.*

Sortez du profond des abîmes ;
Venez, ô monstres infernaux !
Saisissez les pécheurs, & pour punir leurs crimes,
Préparez des tourmens, assemblez tous les maux :

Le Chœur. J'entends, &c.
La voix. Et qui dans un clein d'œil d'une voix foudroyante
Au Tribunal de Dieu nous assemblera tous.
Le Chœur. J'entends, &c.

❊

Corps, unissez-vous à vos ames ;
Ames, rentrez vîte en vos corps ;
Ensemble vous irez au ciel ou dans les flammes ;
En vain pour échapper ferez-vous mille efforts.

Le Chœur. J'entends, &c.
La voix. Et qui dans un clein d'œil d'une voix foudroyante
Au Tribunal de Dieu nous assemblera tous.
Le Chœur. J'entends, &c

❊

Rendez-vous devant notre Juge ;
Il va paroître en un moment ;
En vain pour échapper cherchez-vous du réfuge ;
Rois, peuples, grands, petits, venez au Jugement.

Le Chœur. J'entends, &c.
La voix. Et qui dans un clein d'œil d'une voix foudroyante
Au Tribunal de Dieu nous assemblera tous.
Le Chœur. J'entends, &c.

❊

O Cieux ! annoncez la justice
D'un Dieu saintement irrité ;
Dites qu'il récompense & condamne au supplice ;
Que de ses jugemens la regle est l'équité.

Le Chœur. J'entends, &c.
La voix. Et qui dans un clin d'œil d'une voix foudroyante
Au Tribunal de Dieu nous assemblera tous.
Le Chœur. J'entends, &c.

❊

Ouvre, pécheur, ouvre l'oreille ;
Préviens un si malheureux sort ;

Celui qu'un si grand bruit & n'excite & n'éveille,
Ne dort pas seulement, mais il est déja mort.
 J'entends, &c.   *Le Chœur.*
Et qui dans un clein d'œil d'une voix foudroyante
Au Tribunal de Dieu nous assemblera tous.   *La voix.*
 J'entends, &c.   *Le Chœur.*

❈

J'entends la trompette qui crie :
 O Morts, levez-vous promptement,
Vous-mêmes jugez-vous, changez, changez de vie,
Et vous ne craindrez rien au dernier jugement.
 J'entends la trompette qui crie :   *Le Chœur.*
Et qui dans un clein d'œil d'une voix foudroyante *La Voix.*
Au Tribunal de Dieu nous assemblera tous.
 J'entends, &c.   *Le Chœur.*

Sur les peines des Damnez.
Les Vivans.

Malheureuses créatures,
 Que le Dieu de l'Univers,
Par d'éternelles tortures,
Punit au fond des enfers ?
Dites-nous, dites-nous,
Quels tourmens endurez-vous ?
   Les Damnez.
Eh ! quoi, faut-il vous instruire
De l'excès de nos douleurs !
Faut-il nous-mêmes vous dire,
Quelle est la fin des Pécheurs ?
Helas ! helas !
Mortels ne nous suivez pas.
   Les Vivans.
Vous, libertins, vous, athées,
Sans foi, sans loi, sans raison,
Pour tant d'erreurs débitées.
Contre la Religion,
 Dites-nous, &c.   *Les Ouvriers.*

Une voix du haut de l'Eglise chantera les six vers des vivans à tous les couplets, & les Ouvriers repeteront, Dites-nous.

Une voix seule & differente de la premiere, chantera au bas de l'Eglise les peines des Damnez, dont on ne repetera rien, & de même par tout.

Les Damnez.

Helas ! que ce Dieu de gloire,
Dont nous ressentons les coups,
Nous force bien de le croire,
Juste vengeur, Dieu jaloux :
    Helas ! &c.

Les Vivans.

Vains adorateurs du monde,
Où sont tous ces faux honneurs,
Et cette gloire qu'on fonde
Sur des trompeuses grandeurs,
    Dites-nous, &c.

Les Ouvriers.

Les Damnez.

Ah ! cette gloire est passée,
Comme un songe de la nuit ;
Qui trompant notre Pensée,
A notre reveil s'enfuit ?
    Helas ! &c.

Les Vivans.

Et vous qui par négligence,
Eleviez mal vos enfans,
Qu'une cruelle indulgence,
Perdit dès leurs jeunes ans,
    Dites-nous, &c.

Les Ouvriers.

Les Damnez.

Compagnons de leur misere,
Un enfant infortuné,
Crie à son pere, à sa mere,
Maudit ceux qui m'ont damné.
    Helas ! &c.

Les Vivans.

Vous, qui sous les yeux du Maître,
Travailliez fidellement ;
S'il venoit à disparoître,
Le trompiez injustement ;
    Dites-nous &c.

Les Ouvriers.

Les Damnez.

Un Ouvrier infidéle
Est dans l'Enfer bien payé,
Une éternité cruelle
Suit le tems mal employé.
 Helas! &c.

Les Vivans.

Racontez-nous, impudiques,
Les douleurs que vous sentez,
Pour vos amours frénétiques,
Et vos sales voluptés.
 Dites-nous, &c.

Les Damnez.

Ah! pour des plaisirs infâmes,
Pour des plaisirs d'un moment,
Il faut au milieu des flâmes,
Brûler éternellement.
 Helas! &c.

Les Vivans.

Vous, qui dans les compagnies,
Par vos discours médisans,
Et vos noires calomnies,
Déchiriez les innocens.
 Dites-nous, &c.

Les Damnez.

Ah! nos langues médisantes,
Pour un mot envenimé,
Souffrent des douleurs cuisantes,
Dans ce cachot enflamé.
 Helas! &c.

Les Vivans.

Cœurs irréconciliables,
Inflexibles ennemis,
Par vos haines implacables,
Où vous voyez-vous réduits?
 Dites-nous, &c.

Les Damnez.

Ah ! malheureux que nous sommes,
A jamais infortunés ;
Le juste vengeur des hommes,
Nous a pour toujours damnés.
 Helas ! &c.

Les Vivans.

Pécheurs, que la gourmandise
A fait manquer tant de fois,
D'obéïssance à l'Eglise,
Et de respect pour ses Loix ;
Les Ouvriers. Dites-nous, &c.

Les Damnez.

Pour accroître nos souffrances,
La soif succede à la faim,
C'est de nos intemperances,
La triste & funeste fin.
 Helas ! &c.

Les Vivans.

Vous, qui par crainte & par honte,
Cachiez à vos Confesseurs
Des péchés dont tenoit compte,
Celui qui sonde les cœurs.
Les Ouvriers. Dites-nous, &c.

Les Damnez.

Ah ! malheureux que nous sommes,
Nous sentons bien en ce lieu,
Qu'en vain on se cache aux hommes,
Quand on est connu de Dieu.
 Helas ! &c.

Les Vivans.

Répondez, pécheurs infâmes,
Qui le crime au fond du cœur,
Osiez présenter vos ames,
A la table du Seigneur.
Les Ouvriers. Dites nous, &c.

Les Damnez.

O sainte & vivante Hostie !
Par un parricide effort,
Nous vous ôtâmes la vie,
Nous vous donnâmes la mort.
  Helas ! &c.

A tous les Damnez.

Adieu, malheureuses ames,
Loin du Ciel, plus loin de Dieu :
Brûlez, heurlez dans les flâmes,
Fuyons à jamais ce lieu ;
Helas ! helas !
Mortels ne les suivons pas.   *Les Ouvriers*

Ah ! que l'enfer est terrible
A qui veut le méditer,
Que la fureur est horrible
De ceux qui s'y vont jetter ;
Helas ! helas !
Nous n'y pensons pourtant pas.   *Les Ouvriers*

Pour toujours est-il possible,
O que ce toujours est long !
Mon cœur à ce mot terrible,
Frémit, se perd, se confond ;
Helas ! helas !
Grand Dieu ne nous damnez pas.   *Les Ouvriers*

Sur l'Amour de Dieu.

Sur l'Air : *Que n'aimez-vous, cœurs insensibles.*

Brulons d'ardeur,
Brulons sans cesse,
Brulons d'ardeur
Pour le Seigneur :
Tournons vers lui notre tendresse ;

On chantera les 4 premiers vers que les Ouvriers repeteront ensuite. On chantera les six autres & on ne repetera que les quatre derniers.

Lui seul mérite notre cœur,
  Brulons d'ardeur,
  Brulons sans cesse,
  Brulons d'ardeur,
  Pour le Seigneur.

   ✿

  Lui seul est grand,
  Bon, équitable,
  Lui seul est grand,
  Saint, Tout-puissant :
Qu'il est parfait, qu'il est aimable !
Ah ! quel objet plus ravissant !
  Lui seul, &c.

   ✿

  Aime, mon cœur,
  Aime ton Maître,
  Aime, mon cœur,
  Ton Créateur :
Pour l'aimer il t'a donné l'être ;
Lui-même il est ton Rédempteur.
  Aime, &c.

   ✿

  Plein de bonté
  Pour un coupable,
  Plein de bonté,
  De charité,
Un Dieu, dans son Sang adorable,
A lavé mon iniquité,
  Plein, &c.

   ✿

  Viens m'animer,
  Amour céleste,
  Viens m'animer,
  Viens m'enflamer :
Qu'on me ravisse tout le reste ;
C'est mon Dieu que je veux aimer.
  Viens, &c.

Quel doux penchant
Vers Dieu m'entraîne ?
Quel doux penchant,
Mon cœur ressent ?
Vous m'aimez, Bonté Souveraine,
Pour vous serois-je indifférent ?
  Quel, &c.

❦

Tout mon désir,
C'est de vous plaire,
Tout mon désir,
Tout mon plaisir.
A vous, mon Dieu, mon tendre Pere,
Je dois jusqu'au moindre soupir.
  Tout, &c.

❦

Ah ! quel bonheur,
Quand on vous aime !
Ah ! quel bonheur !
Quelle douceur !
On goûte au dedans de soi-même,
Une paix qui ravit le cœur.
  Ah ! quel, &c.

❦

Regnez en moi,
Maître adorable,
Regnez en moi,
Souverain Roy,
Gravez, d'un trait ineffaçable,
Dans mon cœur, votre sainte Loy.
  Regnez, &c.

Instruction pour les Ouvriers.
Sur l'Air : *de Joconde.*

Vous qui vivez dans les travaux,
Qui souffrez l'indigence,

On le chante et on le répete de deux vers en deux vers.

Apprenez à rendre vos maux
Dignes de récompense :
Ayez toujours, chers Ouvriers,
Ayez dans la mémoire,
Que c'est par des maux passagers,
Qu'on arrive à la gloire.

❧

Nous sommes faits pour le salut ;
Seul il nous interesse,
N'ayons en tout point d'autre but,
Désirons-le sans cesse :
Pourvû qu'enfin nous parvenions
A la sainte Patrie ;
Qu'importe que nous endurions
Divers maux dans la vie ?

❧

Non, ce n'est point un vrai malheur
D'être dans la bassesse,
C'est bien plutôt une faveur,
Lorsque Dieu nous y laisse :
Trop souvent les biens temporels,
La grandeur, l'abondance,
Font que pour les biens éternels,
L'on n'a qu'indifference.

❧

Connoissez donc vôtre bonheur,
Il est inestimable ;
Votre nom, devant le Seigneur,
Est un nom honorable :
Sur la Terre on a vû son Fils,
Humble & pauvre lui-même,
Marquer aux pauvres, aux petits,
Une tendresse extrême.

❧

Mais pour éprouver les bontés
De ce Dieu debonnaire,
Ne formez, à ses volontés

Aucun désir contraire :
Ne souffrez point en murmurant
Les peines de la vie :
A ceux qui sont dans un haut rang,
Ne portez point envie.

❈

Adorez votre Créateur,
Rendez-lui tout hommage,
Que son amour, dans votre cœur,
Domine sans partage.
Pour le servir fidellement,
Sa Grace est nécessaire,
Vous devez donc, & fréquemment,
Employer la Priere.

❈

Il vous faut passer les saints jours
Dans ce saint exercice,
Et sur-tout assistez toujours
Au divin Sacrifice :
A recevoir les Sacremens,
Que vos ames soient prêtes ;
Et fuyez les déreglemens
Si communs dans les Fêtes.

❈

De tous les devoirs du Chrétien,
Aimez à vous instruire,
Hélas ! l'ignorance du bien,
Où peut-elle conduire ?
Par là, souvent dans votre cœur,
Le désordre domine ;
Entendez donc, avec ardeur,
La Parole divine.

❈

De votre travail, chaque jour,
A Dieu faites l'offrande ;
Rapportez tout à son amour,
De vous il le demande :
Dans la moindre occupation,

Si l'amour nous excite,
Par cette sainte intention,
C'est le Ciel qu'on mérite.

❋

Loin de vous les divisions,
La haine, la vengeance;
Fuyez les imprécations,
Et toute médisance :
Ne formez jamais le dessein
De faire une injustice ;
Vivez à l'égard du prochain,
Sans fraude & sans malice.

❋

Ah ! marquez une sainte horreur
De la moindre soüillure :
Et ne souffrez, dans votre cœur,
Aucune flamme impure :
Reglez vos inclinations ;
Fuyez l'intempérance,
Evitez les occasions
De perdre l'innocence.

❋

Qu'enfin la crainte du Seigneur
Sans cesse vous remplisse ;
Pour sa Loy marquez votre ardeur,
N'aimez que la justice ;
Que dans vos peines, dans vos maux
Dieu soit votre ressource,
Cherchez en lui le vrai repos,
Lui seul en est la source.

La Salutation Angelique.

De deux vers en deux vers & on le repete de-même.

JE vous saluë, ô Mere de mon Dieu,
 Vierge bénite entre toutes les femmes,
Que beni soit en tout temps, en tout lieu,
Votre cher Fils, le Sauveur de nos ames.

Reine du Ciel, dont le Fils tout-puissant

Tient sous ses Loix nos Ames asservies,
Priez pour nous, pécheurs, dans ce moment
Et dans celui qui finira nos vies.

Les Commandemens de Dieu.

UN seul Dieu tu adoreras,
 Et aimeras parfaitement.
Dieu en vain tu ne jureras,
 Ni autre chose pareillement.
Et penses qu'il est temps d'écrire en ton cœur,
  Pour ton bonheur,
 La sainte Loi de ton Seigneur.

On les chante & on les repete de deux vers en deux vers.

Les Dimanches tu garderas,
 En servant Dieu dévotement.
Tes pere & mere honoreras.
 Afin que tu vives longuement.
Et penses qu'il est temps, &c.

Homicide point ne seras,
 De fait ni volontairement.
Luxurieux point ne seras,
 De corps ni de consentement.
Et penses qu'il est temps, &c.

Le bien d'autrui tu ne prendras,
 Ni retiendras à ton escient.
Faux témoignage ne diras,
 Ni mentiras aucunement.
Et pense qu'il est temps, &c.

L'œuvre de chair ne desireras,
 Qu'en mariage seulement,
Bien d'autrui ne convoiteras,
 Pour les avoir injustement.
Et penses qu'il est temps, &c.

Avant de commencer la Conférence.

VEnez, Esprit saint, dans nos cœurs,
 Eclairez, reformez nos ames,

Se chante & se repete de deux vers en deux vers.

Venez diſſiper nos erreurs,
Venez nous brûler de vos flammes,
Eſprit ſaint, deſcendez en nous,
Nous ne ſoupirons qu'après vous.

Pour implorer l'interceſſion de la Ste Vierge.

Se chante & ſe repete de deux vers en deux vers.

Vierge, Mere du Dieu d'amour,
Daignez être encore notre Mere?
Daignez exaucer en ce jour,
De vos enfans l'humble priere,

Obtenez-nous un cœur ſoumis
Aux Oracles de votre Fils.

Après l'Exhortation.

Se chante & ſe repete de deux vers en deux vers.

Helas! éternelle Bonté,
N'eſt-il pas temps que je vous aime?
Vous, qui de toute éternité,
M'aimâtes d'un amour extrême,
Ah! Seigneur, je vais commencer,
Et c'eſt pour ne jamais ceſſer.

A la Benediction du S. Sacrement.

Une voix ſeule chante les 4 premiers que deux voix repetent, & de même les trois ſuivans.

Sur cet Autel,
Ah! que vois-je paroître!
Le Roy des Cieux, Jeſus mon Maître
Sur cet Autel!
Sainte Victime,
Vous expiez mon crime,
Sur cet Autel,

De tout mon cœur;
Dans ce ſacré Myſtere,
Je vous adore & vous revere
De tout mon cœur,
Bonté ſuprême,
Que toujours je vous aime
De tout mon cœur,

www.ingramcontent.com/pod-product-compliance
Lightning Source LLC
Chambersburg PA
CBHW060639050426
42451CB00012B/2677